A

MONSIEUR VICTOR VALLANSAN

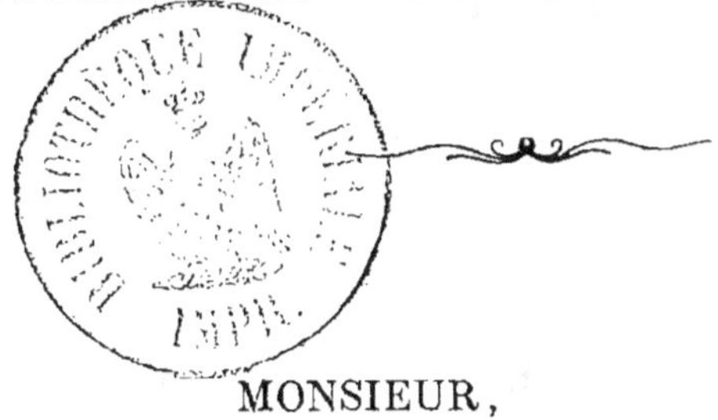

MONSIEUR,

Je ne m'attendais pas à l'honneur de correspondre avec vous, car, séparés que nous sommes par une indifférence réciproque, entre nous il n'y a pas de point de contact; mais c'est vous qui m'y forcez par une agression inqualifiable. Je vais vous en donner la preuve tout de suite.

Vous êtes en procès avec un de mes frères. Prenant en main la cause de la commune de Forcalquier, qui ne réclamait pas et qui avait antérieurement reconnu le peu de fondement des prétentions que vous avez formulées, vous avez obligé un citoyen à descendre dans l'arène judiciaire; vous avez instrumenté, procéduré, fait des enquêtes volumineuses, et vous avez fini par perdre votre procès. Il a duré plus de deux ans ; mais, enfin, vous avez succombé. Cela signifie, j'imagine, que vous aviez tort.

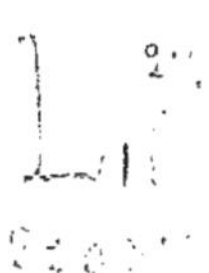

C.

Vous avez le droit de plaider envers et contre tous, c'est incontestable. Notre société est ainsi constituée, qu'il est permis à tout homme, sous un prétexte quelconque, de chercher querelle au premier venu, de le chicaner, de l'appeler devant les tribunaux et de l'y faire se consumer en frais. On perd son procès, il est vrai ; mais on a la satisfaction d'avoir fait dépenser de l'argent à son adversaire, de l'avoir vexé. C'est un bénéfice tout clair, pour celui qui a de l'or et de la rancune, et c'est mettre très habilement en pratique la morale relâchée de la fable du pot de terre et du pot de fer. Vous savez, Monsieur, qu'il est malaisé d'ébrécher votre fortune ; vous usez et abusez de la vôtre ; à vous permis ; malheur à celui qui souffre de l'abus. Reste à savoir si la justice ne trouvera pas quelque moyen de le réprimer et si le pauvre devra être constamment le jouet des caprices du riche.

Mais, ce qui est défendu partout, ce que la société repousse, ce que la morale blâme, ce que la loi punit, c'est d'injurier les gens, alors qu'ils sont inoffensifs ; c'est de les attirer dans un procès auquel ils n'avaient que faire, afin de pouvoir les diffamer ; c'est de les signaler au public comme des hommes de mauvaise foi. Voilà ce que vous avez fait à mon égard et à l'égard d'un autre de mes frères.

Vous avez eu l'adresse de vous couvrir d'un prétexte spécieux pour faire passer cette énormité, en compagnie de plusieurs autres. Vous vous êtes réclamé de l'intérêt public, lequel, selon vous, exigeait que le chemin rural, dont vous poursuivez le redressement avec une si patriotique obstination, passât, juste, devant la campagne de mon frère et non point ailleurs, fut-il démontré cent fois que l'emplacement de ce chemin est tout autre.

Prenez garde, Monsieur, ce prétexte n'est qu'une mauvaise ruse, qui ne supporte pas l'examen, car l'intérêt public n'a rien à voir en cette affaire. Le chemin en question existe, on vous en a indiqué la direction ; libre au public, ainsi qu'à vous, d'en user. Passez-y à pied, à cheval, en voiture, si cela vous plaît ; personne ne vous en empêchera.

Lepublic sait quelle est, au fond, la cause de ce procès. Néanmoins, crainte que quelqu'un l'ignorât, je veux la lui dire, au risque de vous déplaire. Mais vous avez tant pris de libertés avec moi, qui ne vous ai jamais fait de mal, que je puis me hasarder à faire toucher du doigt la vérité à tous nos concitoyens. Si elle est déplaisante pour quelqu'un, et que ce quelqu'un soit vous, prenez-vous en à vous-même. Il était si facile de me laisser en repos !

La cause de ce procès consiste en ceci : Mon frère, en sa qualité de receveur de l'enregistrement, vous a soumis à un forcement de droits, pour la somme d'environ neuf cents francs, s'il m'en souvient bien. — *Inde iræ !* — C'est une bagatelle, mais vous avez pris la chose en mauvaise part et, pour l'en punir, vous lui avez intenté un procès qui n'a pas le sens commun, ainsi que le Tribunal vous l'a prouvé. Voilà donc un fonctionnaire traqué, harcelé par les huissiers pendant plus de deux ans, obligé de plaider, à son corps défendant, de subir les tracasseries d'un procès, uniquement parce qu'il a fait son devoir. S'il y avait manqué, vous lui auriez tendu la main. Eh bien ! Monsieur, souffrez que je le dise : votre amitié est, sans doute, précieuse à ceux qui ont l'honneur de vous connaître, mais, dans le cas actuel, elle eût été chèrement payée. Le prix en aurait été une forfaiture. A tout hasard, il valait mieux s'en passer.

Je vous en préviens, cela se dit tout bas, et même tout haut à Forcalquier ; les oreilles devraient vous en corner. On prétend que vous n'en faites pas mystère et que votre projet est de ruiner le fonctionnaire que vous avez pris à grippe. A présent, que devient, je vous prie, ce fallacieux prétexte de l'intérêt public mis en avant par vous afin de cacher une action que je laisserai au public le soin de qualifier? C'est à lui que j'en appelle. Devant la vérité, ce prétexte se résout en fumée et s'évanouit.

Mais je veux bien admettre, pour vous faire plaisir, que l'intérêt public vous a dirigé, qu'il a été l'unique mobile du procès que vous avez intenté à mon frère, — bien que de pareils procès soient rares : c'est le premier que j'aie rencontré dans ma longue carrière, — et que, en entreprenant de faire passer le chemin dont s'agit devant sa campagne, vous obéissiez à un sentiment louable, à l'amour du bien public. Qu'en sera-t-il? Vous voyez que je pose la question de la manière la plus favorable pour vous.

Je réponds, Monsieur, que l'amour du bien public, fort légitime en soi, ne doit point dépasser une certaine mesure. C'est une vertu dont il ne faut pas trop. Il en est de ce sentiment comme de nos autres goûts, de nos autres passions, il nous est permis de les satisfaire, mais avec modération. Vous avez l'expérience de la vie et vous devriez savoir qu'en toutes choses l'excès ne vaut rien. Ainsi, trop manger indigère, trop boire énivre, trop parler nuit, trop gratter cuit, et trop aimer le bien public peut conduire à violer les préceptes de la justice. Vous en donnez une preuve éclatante; cet amour prédominant du bien public, auquel vous n'avez pas su résister, vous a fait faire un procès injuste. Vous l'avez outré en attaquant un homme qui n'avait jamais lésé l'intérêt public, ni par fraude, ni par violence. Voilà comment une vertu exagérée se change en défaut.

Cela me paraît évident. Mais ce qui, selon moi, est extraordinaire, exorbitant, c'est que, poussé par cet amour, dont je ne vous reproche que l'excès, vous en soyez arrivé au point de diffamer des hommes auxquels rien, pas même votre amour du bien public, ne vous autorisait à infliger un pareil traitement. Sans doute, le public peut avoir intérêt à ce que tel chemin passe par tel lieu, plutôt que par tel autre, tandis qu'il lui importe fort peu d'entendre injurier quelqu'un. Je veux faire à votre conscience un appel qu'elle entendra, j'espère. Etait-il de l'intérêt public de dire, d'imprimer et de publier que mes frères et moi avions fait colporter des faussetés, et d'insinuer que nous aurions bien pu suborner des témoins ? J'ai beau chercher, je ne vois pas ce que l'intérêt public avait à faire dans ces malveillantes imputations, ni ce qu'il a pu y gagner. Il souffre, au contraire, d'une diffamation mal fondée, quand elle demeure impunie. C'est un encouragement aux riches et aux puissants à opprimer les faibles; c'est dire aux pauvres : — faites vous humbles et souffrez ! — Nous verrons si la justice parlera de même !

Peut-être, me direz-vous, que l'intérêt public exige que les usurpateurs des propriétés publiques soient signalés, qu'on leur fasse rendre gorge, qu'on arrache le masque à ceux qui se parent d'une vertu d'emprunt ; soit : je suis entièrement de votre avis. Mais, faites-y attention, le Tribunal de Forcalquier, par son jugement du sept décembre dernier, a donné pleine satisfaction à l'intérêt public en décidant que mon frère ne devait pas le chemin que vous lui demandiez. N'ayant rien usurpé, il n'avait rien à restituer. Si vous m'en croyez, vous ne vous inquiéterez plus de l'intérêt public, car, pour la première fois que vous prenez sa défense, vous n'avez pas trop bien réussi. Il a des gardiens vigilants et qui vous valent ; loué soit Dieu, il est en bonnes mains !

Ceci me conduit à serrer la question de plus près et à vous apprendre enfin le sujet de cette lettre. On n'arrive jamais trop tard, pourvu qu'on arrive.

Dans le cours du procès qui vient de se terminer d'une manière si peu agréable pour vous ; — peut-être vous en doutiez-vous, mais n'importe ; vous aviez atteint votre but, en donnant des ennuis et faisant dépenser de l'argent au fonctionnaire assez maladroit pour vous avoir déplu : que cela serve d'exemple aux autres ! Gare ! celui qui s'avisera de vous contrarier! vite, un huissier et du papier timbré, en masse! Il faudra qu'on rampe devant vous, sinon!!! — dans le cours de ce procès dis-je, le fonctionnaire que vous attaquiez, victime de votre zèle pour l'intérêt public, publia un mémoire justifiant sa résistance à des prétentions qui lui paraissaient injustes. — Le Tribunal a été de son avis. — A votre tour, usant d'un droit que personne ne conteste, vous répondîtes par un autre mémoire destiné à prouver que votre adversaire était sciemment dans l'erreur. Vous mettiez en doute sa bonne foi, et, vous parant de l'intérêt public, — grands mots, presque toujours vides de sens, mais fort significatifs, dans la circonstance actuelle, — vous exaltiez la vôtre et vous faisiez blanc comme neige.

Jusque-là, il n'y avait pas grand'chose à dire ; on ne ne se fait pas de compliments sur papier timbré et les aménités de cette sorte sont à l'usage des plaideurs. Certains d'entre eux croient avoir fait un coup de partie, quand ils ont noirci leur adversaire. Le calcul n'est pas mauvais ; mais pour que le trait porte, encore faut-il qu'il soit juste ; s'il est mal adressé, il se retourne contre celui qui l'a tiré. Mon frère n'a pas reçu le vôtre: la justice, le prenant sous sa protection, l'a paré de sa main puissante. Si vous voulez savoir en quel lieu ce trait s'est logé, cherchez sur votre personne, vous l'y trouverez.

Donc, vous injuriez votre adversaire. — Triste satisfaction, à l'usage des gens mal élevés et des mauvaises causes ! — Eh bien ! le croirait-on ? cela ne vous a pas suffi. Vous avez jugé convenable de diffamer encore deux autres personnes, c'est-à-dire, que, réunissant sous une même réprobation les frères Arnaud, les rendant solidaires de votre haine envers l'un d'entre eux, vous les avez pris tous les trois à partie. Que vous injuriassiez celui contre lequel vous plaidiez, cela n'avait rien d'étonnant ; c'était dans l'ordre ; on devait s'y attendre ; mais que vous fissiez boire les deux autres à la même coupe , c'est ce qui a lieu de surprendre , car ces deux frères Arnaud ne plaident pas contre vous, ne vous ont rien fait. Pour le coup, le prétexte de l'intérêt public vous échappe, attendu qu'il est complètement hors de cause. Il n'exigeait pas que vous me dissiez des injures, ce bienheureux intérêt public auquel je n'ai jamais fait brèche ! que gagnerait-il à faire de moi un coquin ?

Jusqu'à présent , Monsieur, je me suis tenu dans des généralités ; il est temps de préciser les faits : je vais le faire sans plus tarder.

A la page 3 , ligne deuxième de votre mémoire , je lis le passage suivant : je copie, car je l'ai sous les yeux.

— Mais M. Antoine Arnaud a de nombreux partisans : « les MM. Arnaud sont tout ; » ainsi l'ont dit les sieurs Lèbres (certificat Descosse, n° 1, p. 65) ; par leurs affidés , ils colportent leur mémoire et accréditent ainsi des faussetés et des erreurs manifestes contre lesquelles il devenait de notre devoir de protester.

Vous avez protesté , Monsieur ; qu'est-il advenu de votre protestation ? Est-ce qu'elle serait tombée dans l'eau ?

Voilà le passage dont je me plains et que vous vous seriez bien gardé d'insérer dans votre mémoire, si la passion de l'intérêt public ne vous avait aveuglé. Qu'avais-je à faire, je vous le demande , dans cette galère ? Pourquoi me faire intervenir dans un procès auquel je suis et veux demeurer étranger ? — Mon mémoire ! ne dirait-on pas que je plaide personnellement ? — Je comprends, à la rigueur, qu'un peu plus loin, — page 7 , ligne troisième de votre mémoire , — vous vous soyez permis une certaine insinuation contre moi, un léger coup de patte ; — allons , faites, Monsieur, ne vous gênez pas ; les petits cadeaux entretiennent l'amitié ! — En disant : — M. Arnaud avait auprès de lui, et dans sa famille même, de trop bons conseillers pour ne pas avoir compris, etc. — Je vous remercie, Monsieur, de l'opinion avantageuse que vous avez de moi ; vous l'avez seulement un peu exagérée ; mais vous êtes enclin à outrer les choses : par exemple, l'amour du bien public, qui vous fait voir des chemins ruraux là où il n'en a jamais existé. Je suis un conseiller médiocre et je me suis si peu mêlé de cette affaire que, dans ce que vous appelez mon mémoire, il n'y a pas une syllabe qui m'appartienne. Je l'avouerais franchement, si cela était. Ce n'est ni ma manière, ni mon style. Je n'aurais pas fait mieux, mais j'aurais fait autrement. Vous savez que chacun a son genre. Comparez et vous en tomberez d'accord avec moi. Au demeurant, quel mal y aurait-il à ce que j'eusse conseillé mon frère ? Je présume que l'intérêt public ne s'y opposait pas. Permettez-moi de le dire, Monsieur, cette insinuation aigre-douce est une maladresse de votre part. Est-ce que je ne pourrais pas vous la retourner ? Je n'en ferai rien ; je sais me respecter et respecter les autres. Je ne réponds qu'à celui qui m'attaque.

Mais ma reconnaissance ne peut aller plus loin. Vous me permettrez de ne pas vous remercier d'avoir fait imprimer que je colportais des faussetés ; ce serait beaucoup trop exiger de moi. Je suis un grand admirateur de la morale chrétienne ; néanmoins, je l'avoue, à ma honte, quand j'ai reçu un soufflet sur une joue, je ne puis me résoudre à présenter l'autre, Un apôtre, catéchisant des barbares, est seul capable de cette sublime abnégation.

Vous m'accusez de la manière la plus directe et la plus affirmative, d'avoir colporté, accrédité des faussetés ; d'où résulte, comme corollaire forcé, que j'ai inventé ces faussetés, car nul autre n'avait intérêt à les imaginer, ni à leur donner cours. Ici, l'intérêt public n'était pas en jeu ; vous avez cru l'y voir ; votre zèle vous a égaré.

Je n'ai rien inventé du tout, Monsieur, par la raison

que je n'ai pas l'esprit porté aux découvertes ; c'est bien
assez de m'occuper de celles qu'on a déjà faites. Je n'ai
rien colporté, rien accrédité, ni faussetés, ni vérités,
parce que les convenances, auxquelles je ne manque jamais, me l'interdisaient. Je n'avais pas besoin d'éclairer
le public, il l'est suffisamment ; j'avais encore moins
besoin de le tromper : à quoi bon, pour celui qui ne demande qu'une chose ? que la vérité se fasse, et elle s'est
faite. Vous ne me blâmerez pas, j'espère, de dire que
j'ai suivi, d'un œil attentif, le bizarre procès que vous
avez intenté à mon frère, cela est fort naturel ; mais je
ne m'en suis nullement mêlé, car je n'en ai pas été in-
quiet un seul instant. Je savais que la justice ferait
triompher le droit. Elle n'y a pas manqué. Celle-la sait
remplir sa noble mission. A chacun la sienne : aux ma-
gistrats à faire justice ; à vous à tracasser les gens, par
passion de l'intérêt public.

Savez-vous quel est l'inventeur dans cette affaire ?
quel est celui qui a colporté, accrédité des faussetés ?
pas n'est besoin de se creuser la cervelle pour le trouver. La question a été nettement tranchée par le tribunal. Après visite des lieux, procès-verbal descriptif,
rapport et plan faits par un géomètre, enquête, contre-
enquête, plaidoiries, il a jugé, sur les conclusions con-
formes du ministère public, que vous n'aviez pas raison. Lequel de vous ou de moi a inventé des faussetés ?
Lequel a mérité le brevet d'invention, sans garantie du
gouvernement, que le tribunal a delivré ? Lequel a colporté et accrédité ces faussetés ? Direz-vous encore que
le chemin dont s'agit au procès doit passer devant la
campagne de mon frère, au risque de bouleverser son
parterre ? Cette assertion, soi-disant faite dans l'intérêt public, était-elle fausse ou vraie ? Voyons ! répon-
dez ?

Vous m'accusez d'avoir inventé, colporté et accrédité
des faussetés, action basse, honteuse, de nature à porter
atteinte à mon honneur, s'il n'était au-dessus de vos at-

taques. Ce n'est pas vous qui le ternirez, soyez-en sûr. Vous n'avez pas mission de faire et de défaire les réputations, s'agît-il mille fois de l'intérêt public. Excusez-moi si, en vous écrivant, je m'exprime avec quelque vivacité ; vous m'avez assez maltraité dans votre mémoire pour justifier mon ressentiment et autoriser des représailles. C'est un échange de procédés peu bienveillants, je le sais ; il ne tenait qu'à vous qu'il en fût autrement. Convaincu qu'il ne pouvait exister de rapports amicaux entre nous, il valait mieux qu'il ne s'en établît pas du tout. Vous ne l'avez pas voulu. Nous devions rester étrangers l'un à l'autre ; c'est vous qui nous avez rapprochés. Appelez à l'aide votre philosophie et supportez ce rapprochement dont vous êtes la cause première.

Si jamais on me consulte sur l'art de composer un mémoire rempli d'insinuations malveillantes, je renverrai au vôtre. C'est un chef-d'œuvre de malice et de diffamation. Si c'est vous qui l'avez écrit, je vous en fais bien mon compliment ; si c'est un autre, je lui présente mes hommages. Impossible de faire mieux ; on y reconnaît la touche d'un maître dans l'art d'injurier. Je suis bon conseiller, dites-vous ; par conséquent je dois être bon appréciateur en tout ce qui ne dépasse par le niveau de mon intelligence.

Après avoir mis sur mon compte le triple fait d'avoir inventé, colporté et accrédité des faussetés, vous donnez à entendre que mon influence aurait bien pu peser sur les témoins de la contre-enquête, — vous me faites grâce de ceux de l'enquête ; pourquoi ? — les empêcher de déposer en conscience et les engager à tenir la vérité cachée. En d'autres termes, que je suis capable de suborner des témoins. Cela est grave, Monsieur, fort grave : heureusement le public, qui n'a pas intérêt à faire de moi un malhonnête homme, sait à quoi s'en tenir. Heureusement encore, le Tribunal s'est chargé de repousser cette abominable insinuation. Il a ajouté foi aux témoins de la contre-enquête, fortifiées qu'étaient leurs dépositions par celles des témoins que vous-même aviez fait citer. Je suis lavé de vos imputations, Monsieur ; justifiez-vous, maintenant, de les avoir faites ? Supposé que nous soyons en compte-courant, de quel côté est la balance ?

Ne croyez pas, Monsieur, que j'invente et que je crée une chimère pour me donner le plaisir de la combattre. L'insinuation que vous vous êtes permise contre moi n'est que trop certaine. Ouvrez votre mémoire, et à la page 18, vous lirez ce qui suit :

— « Or, nous sommes en droit de déclarer ces dépositions empreintes de partialité, parce qu'elles émanent d'hommes qui, dévoués à la famille de M. Arnaud, sont complètement sous son influence ; parce que ces hommes ont cherché à intimider certains témoins, en leur disant : faites bien attention à ce que vous direz, car les MM. Arnaud sont tout. »

Le commentaire de cette phrase n'est pas difficile à faire ; le sens en est clair et limpide. Elle signifie que moi, qui suis un des membres de la famille Arnaud, — son chef, s'il vous plaît : c'est tout ce que je prétends du droit d'aînesse, — ai dépêché aux témoins de la contre-enquête certains hommes qui me sont dévoués au point de se faire mandataires de subornation, lesquels se seraient efforcés d'intimider ces témoins, en les menaçant de mon ressentiment, dans le cas où ils diraient la vérité. On m'aurait fait passer pour tout puissant et on les aurait mis en *vindete* en mon nom. Qui sait si mes affidés n'ont pas proféré la célèbre formule : — Guarda-ti ; io me guardero. — Franchement, ce serait odieux, si ce n'était si bête ! Votre mémoire est fort méchant, mais il n'est pas très spirituel. Il est agressif et brutal. Quel malheur qu'il ait été inspiré par l'intérêt public !

Où avez-vous pris, Monsieur, la toute-puissance que vous attribuez, si malicieusement, à la famille Arnaud ? Que cette famille ait quelque influence dans le pays qu'elle habite, qu'elle y jouisse d'une considération plus ou moins grande, cela ne fait rien à l'affaire; ce n'est pas une raison pour supposer, je me trompe, pour dire qu'elle s'efforce de suborner des témoins et pour affirmer qu'il s'y trouve des gens assez peu honnêtes pour souffrir qu'on les suborne. Cette famille a des amis, en assez grand nombre même, j'ose le dire; — cela ne touche pas à l'intérêt public ! — mais pas de complices, sachez-le ? Celui qui va droit son chemin n'a pas besoin d'appui étranger; la justice lui suffit. Qu'en pensez-vous, Monsieur ? Auriez-vous des complices ? Vous défieriez-vous de la justice ? Ce serait mal à vous : on pourrait croire que vous doutez de la bonté de votre cause.

Vous êtes en droit, dites-vous, dans votre majestueux réquisitoire, d'élever contre les dire des témoins de la contre-enquête une *légitime* suspicion, — *parce que* on a cherché à intimider ces témoins. — Peste ! vous n'y allez pas de main-morte; vous êtes terriblement affirmatif ! Mais, pour cela, il faut deux choses : d'abord des hommes assez audacieux, assez puissants, assez pervers pour intimider; ensuite, des gens assez faibles, assez avilis pour se laisser intimider. Ces deux termes sont inséparables, l'un est le corélatif de l'autre. Or, empruntant un mot à votre phraséologie, — c'est tout ce que je veux vous prendre, Monsieur; ne craignez rien ! — je vous dirai que cette allégation est fausse, de tout point, *parce que* les témoins, dont vous suspectez la probité, sont d'honnêtes gens; et *parce que* les membres de la famille Arnaud, loin d'être assez audacieux, assez puissants, et surtout assez pervers pour solliciter des témoins, sont de paisibles citoyens, obscurs, ne se mêlant de rien, n'ayant jamais pesé sur personne, et ne se permettant qu'une chose, à laquelle l'intérêt public n'a rien à voir, de dire, sans entendre en tirer vanité, qu'ils sont gens d'honneur. Ils ne se parent pas d'un amour excessif pour l'intérêt public, *parce qu'ils* n'en ont qu'une dose raisonnable, et ils en font le moins de bruit qu'ils peuvent. N'avez-vous pas remarqué, Monsieur, que ceux qui se vantent de posséder une vertu ont souvent le défaut contraire? C'est comme pour les poules : celle qui chante le plus n'est pas celle qui pond le plus d'œufs.

Ordinairement, Monsieur, la subornation des témoins se pratique à force d'écus; il faut un appât séduisant pour inciter des misérables à mentir devant la justice et à braver la peine infligée au faux témoignage. Il vous était réservé de trouver un nouveau genre de subornation. Ce n'est plus avec de l'argent qu'on opère, c'est avec une bouteille de liqueur quelconque. Harpagon n'aurait pas trouvé celle-là, lui qui visait tant au bon marché! On n'y croira pas : Eh bien! je renvoie à votre mémoire. Continuez la lecture de l'acte d'accusation en forme que vous avez dressé contre les témoins de la contre-enquête, et vous y trouverez, entre autres belles sentences, ce passage, dont la crudité dépasse toute mesure.

— Parce que ces hommes ont été obligés d'avouer qu'ils étaient allés visiter les lieux avec M. Arnaud, et qu'ils avaient bu chez lui. —

Vous me permettrez bien, Monsieur, de prendre la défense de mon frère, puisque vous m'accusez en sa compagnie, et de repousser l'ignoble accusation que vous portez contre lui. Vous n'avez rien respecté dans votre mémoire, rien; ni votre adversaire, ni les témoins, ni des gens étrangers au procès : vous vous êtes efforcé de salir tout ce que vous touchiez et de couvrir de diffamation ceux qui avaient encouru votre colère. Mais la boue que vous avez jetée sur eux ne les a pas atteints; ne me demandez pas sur qui elle est tombée.

Vous suspectez *légitimement* les témoins, — *parce que* ces hommes ont été obligés d'avouer qu'ils étaient allés visiter les lieux avec M. Arnaud, et qu'ils avaient bu chez lui. — Voilà de beaux motifs de suspicion *légitime*! Une pauvre petite promenade au quartier de Chalus vous met un homme en interdit devant la justice ! Je serais curieux de savoir si vous n'y êtes jamais allé seul, ou accompagné. Y avez-vous rencontré quelqu'un ? N'avez-vous rien dit à ce quelqu'un ? Cela fût-il vrai, en l'absence de toute autre raison, serait-ce un motif pour suspecter sa sincérité ?

Mais ces témoins, que vous mettez à l'index, de votre propre autorité, et aux dépositions desquels le tribunal a pourtant cru, — ne l'oubliez pas, dorénavant, — ont bu chez votre adversaire. Crime énorme ! vous auriez dû, ce me semble, ne pas vous en tenir à cette simple allégation et préciser ce qu'ils ont bu, afin de faire mieux comprendre la portée de leur action. Ont-ils bu de l'eau, sucrée ou non, du vin, de la bière, du cognac ? C'était là ce qu'il fallait savoir, autrement vous mettiez les juges dans l'impossibilité d'apprécier leurs témoignages en connaissance de cause. Il est évident que, dans votre système, leurs dépositions devaient peser plus ou moins, selon la bonté du breuvage qu'on leur avait servi, ou à raison de sa densité. Je ne sais si ces témoins ont bu, ni ce qu'ils ont bu, car je n'y étais pas. — J'aurais aimé que vous me l'eussiez appris. — Cavons au pire, mettons que ce soit du cognac vieux, liqueur éminemment subornatrice, et écartons tout le reste, l'eau principalement, laquelle n'a jamais passé pour faire de chauds amis aux plaideurs de mauvaise foi. Ces gens-là n'emploient que le fort, ou le doux, au choix ; ils permettent les mélanges, tolèrent le bain de pied, savent y joindre des suppléments plus substantiels, mais ils détestent l'eau. Le limpide élément n'est pas à leur usage. Cela est universellement reconnu. Les scrupules d'une conscience ne s'apaisent pas avec un verre d'eau claire.

Je veux abonder dans votre sens, Monsieur : — une fois n'est pas coutume. — Je suppose que ces témoins auront bu du cognac datant de 1823 : — je crois qu'il y en a de cette époque à la maison : vous voyez que je ne cache rien, — qu'en conclura un homme sensé ? Que ces témoins avaient soif, après leur promenade; qu'ils ont désiré se rafraîchir, et que, tout naturellement, le maître du logis, au lieu de les conduire à la fontaine, leur a offert ce qu'il avait de meilleur. Mais de là à une subornation, il y a loin. A qui ferez-vous croire que d'honnêtes gens, moins riches que vous, à la vérité, aient pu succomber à la tentation d'un petit verre de cognac, ce cognac fût-il vieux d'un siècle ? C'est une énormité digne de la cause que vous soutenez. Fi donc, Monsieur ! à quelles balances pesez-vous la conscience humaine ? J'aime à croire que vous ne mettez pas la vôtre sur le plateau, en contre-poids d'un petit verre de cognac. Savez-vous que l'alcool est un corps très léger ?

On ne songe jamais à tout, ce qui fait que vous n'avez pas prévu la conséquence qu'on pourrait tirer de la suspicion *légitime* que vous ont inspirée les dépositions d'hommes dont l'honorabilité est généralement reconnue. Celui qui ose accuser des témoins de s'être laissés suborner, croit que la subornation est facile à pratiquer ; cela ne serait pas trop à son avantage. Dites-moi, Monsieur, l'homme qui tiendrait tous ses semblables pour des fripons serait-il foncièrement honnête ?

Il faut convenir que vous jouez de malheur dans cette affaire. Cela ne pouvait manquer d'arriver. Sachant d'avance que vous entrepreniez un procès injuste et prévoyant son résultat, vous avez usé de tous les moyens pour donner le change à la justice. Vous avez pris l'enseigne de l'intérêt public, vous avez injurié votre adversaire, diffamé des étrangers et outragé les témoins qui ont déposé contrairement à vos prétentions. Vous avez frappé sur eux tous à tor et à travers, et vous vous être donné sur les doigts. Le Tribunal, qu'on ne trompe pas facilement, a fait justice de vos chicanes: il a percé à jour ce drapeau sous lequel vous vouliez vous abriter. En parlerez-vous encore ? Le public, à son tour, fera justice de vos diffamations. Soyez en sûr, Monsieur, le jour de la rétribution arrivera !

J'ai énuméré successivement toutes les infamies que vous avez accumulées sur ma vieille tête; maintenant, récapitulons et dressons-en le bilan. Vous m'accusez :

1° D'avoir inventé des faussetés ;

2° D'avoir colporté ces faussetés, par l'entremise de mes affidés ;

3° D'avoir accrédité ces faussetés, toujours par le même moyen ;

4° D'avoir suborné des témoins, en abusant de mon influence et à grand renfort de petits verres de cognac, versé par mon frère ;

5° D'avoir violenté ces témoins en les menaçant de ma vengeance.

Et de cinq !

Moi, je ne vous accuse de rien; pas même de m'avoir accusé, car vos injures ne m'atteignent pas; je ne fais que vous répondre.

Vous me comblez; vous me traitez avec une munificence vraiment princière, ainsi qu'il convenait à un homme de votre importance. Eh bien! Monsieur, j'ai presque crainte de l'avouer, votre libéralité est méconnue, vous avez affaire à un ingrat. Je vous rends vos cadeaux, reprenez-les, je n'en veux pas, car vous vous êtes trompé d'adresse. Gardez-les jusqu'à ce que vous en ayez trouvé un placement plus avantageux. D'ailleurs, on ne prête qu'aux riches, et c'est une imprudence sans pareille de confier ses trésors à un insolvable. On peut être ruiné dans un tour de main.

Je suis étonné, Monsieur, qu'ayant entrepris de me diffamer, — vous vous en acquittez avec une grâce merveilleuse; vous devez être content de vous. — vous vous soyez arrêté en si beau chemin, car l'appétit vient en mangeant. Quand on prend du galon, on n'en saurait trop prendre; de même quand on diffame, on ne saurait trop diffamer. Cela signifie qu'on ne doit jamais faire sa besogne à demi. Qui vous empêchait, Monsieur, de parfaire votre œuvre, en élargissant le cercle de vos imputations ? Vous n'aviez qu'à ouvrir le Code pénal, si riche en méfaits, et à choisir dans sa nomenclature variée. Il ne vous aurait pas été difficile d'ajouter quelques grosses, ou petites vilenies, à celles que vous m'aviez déjà prêtées. Vous y eussiez pris un plaisir progressif et infini. Mais il aurait fallu agir avec discernement et ne pas choquer la vraisemblance. Par exemple, vous, qui êtes toujours à cheval sur l'intérêt public, — oh ! vous êtes ferme en selle sur ce bidet là ! — n'auriez pu m'accuser d'avoir pillé les finances publiques, vu que je ne les ai jamais maniées. Les articles 169 et suivants du Code pénal, relatifs à la concussion, ne sont pas à mon usage.

Votre Mémoire, Monsieur, serait un chef-d'œuvre, en son genre, s'il ne prêtait à la critique, sur un point. Il manque d'adresse. Vous connaissez le dicton : — Qui trop prouve, ne prouve rien. — Vous avez voulu faire passer d'honnêtes gens pour des drôles, et vous risquez fort de n'être pas cru. Cependant, il rachète ce défaut par un certain art de rédaction. Il est curieux de voir comment il procède. On y va, par une gradation habilement ménagée, de l'injure à la diffamation, car ces deux aimables qualités y marchent, tantôt séparément, tantôt de pair ; ainsi que deux sœurs cheminant de compagnie, elles se donnent la main. Vous injuriez toujours, quand vous diffamez, cela va sans dire, et, s'il arrive que vous ne puissiez vous livrer à ce dernier exercice, vous injuriez, faute de mieux. Je ne veux vous donner qu'un exemple de vos ressources et de votre prestesse d'esprit, en ce dernier genre. Peu délicat sur le choix de vos moyens, vous n'avez pas rougi de mettre en doute l'intelligence des témoins ; d'un vieillard vénérable, vous avez fait un homme tombé dans l'enfance. Insulter la vieillesse ! il ne vous manquait plus que cela ! Mais vous vous êtes donné bien d'autres licences !

Quand aux autres témoins, ma foi ! vous les traitez

par dessous la jambe. Quel dédain ! quel ton de supériorité ! comme vous les écrasez du poids de vôtre grandeur ! vous les désignez purement et simplement par leurs noms et, encore, comment les désignez-vous ? dans quel sens ? avec quelle intention ? Et tout cela, parce qu'ils ont dit des vérités qui vous déplaisent ; voilà pourquoi vous leur refusez la qualification de *Monsieur*. Tenez, Monsieur, s'il faut mentir pour obtenir de vous des égards, on aimera mieux s'en passer et être appelé par son nom, tout court.

J'admire, en vérité, ces allures de marquis parvenu, elles font honneur à votre imaginative. Vous avez inventé un nouveau genre de punition à l'usage de ceux qui vous déplaisent. Les gens ont-ils encouru votre colère ? vite, vous les mettez en pénitence, en les désignant, tout simplement par leurs noms ; à ceux qui vous servent, vous donnez du *Monsieur*, gros comme le bras. Sur ma parole, ce sont des coups de férule bien appliqués, des récompenses flatteuses ! Tant vaut l'homme, tant valent ses paroles.

Vous me faites l'honneur insigne de me tenir pour un homme de bon conseil ; à mon tour, en marque de reconnaissance, je vous dirai que ces airs de grandeur vous vont très mal. Nous nous connaissons tous, à Forcalquier, peu ou prou, et nous savons que nul d'entre nous ne peut se permettre d'afficher des prétentions à l'aristocratie. Ce dédain affecté pour des gens honorables, est souverainement déplacé. Il siérait mal à un homme d'une naissance illustre, et il est inconvenant sous la plume d'un citoyen que le hasard fit naître dans une condition médiocre. Si vous vous êtes enrichi, Monsieur, ce n'est pas une raison pour mépriser les gens ! Je ne sais ce que le public en pensera, mais vous serez heureux s'il se contente de dire que vous êtes un homme mal élevé.

Cela n'est que ridicule, mais, avec vous, l'odieux suit immédiatement. Vous avez été impoli, vous vous êtes

rendu diffamateur. J'aurais, peut-être, de bonnes raisons
pour insister sur ce sujet, car vous me faites jouer un
tel rôle dans votre Mémoire, vous enchevêtrez tellement vos accusations, qu'il vous est impossible d'injurier quelqu'un, sans que l'injure retombe incontinent
sur moi. Ainsi, en accusant les témoins de s'être laissés
suborner, vous dites que c'est moi qui les ai subornés.
— Par quels moyens ? on le sait. — Ne le dissiez-vous
pas, la subornation implique un suborneur, et celui
auquel on l'impute, a le droit de prendre fait et cause
pour les prétendus subornés. Je m'en abstiendrai. Je
ne veux pas me faire l'écho de vos calomnies, c'est déjà
trop que vous ayez eu l'audace de les rendre publiques.
Les noms honorables que vous insultez ne m'appartiennent pas ; je n'ai pas la mission de les défendre ;
ceux qui les portent sauront s'acquitter d'un soin qui
les concerne seuls, et je n'aurais pas parlé de ce nouvel
outrage, si je ne m'y trouvais mêlé, si j'avais pu en
dégager ma personnalité ; d'ailleurs, je ne cesserai de
le répéter, le Tribunal a cru à leur témoignage, il les a
jugés dignes de sa confiance. Ce certificat d'honorabilité
en vaut bien un autre. M'écarterai-je de la vérité en
disant qu'il vaut un peu mieux que les vôtres ?

Il est temps de finir cette longue lettre. Cependant,
avant de prendre congé de vous, je veux vous féliciter,
une seconde fois, sur la manière dont vous avez rédigé
votre Mémoire. Pour un début, ce n'est pas mal ; c'est
même fort bien, et, si vous persévérez dans la carrière
que vous avez choisie, je vous promets un avenir bril-
lant. Vous êtes semblable au Cid, de chevaleresque
mémoire.

> Vos pareils, à deux fois, ne se font pas connaître,
> Et tous leurs coups d'essai valent des coups de maître.

Vous avez dressé, contre les témoins, un réquisitoire remarquable par sa franchise ; vous y exposez
méthodiquement et carrément vos motifs de suspicion

légitime et vous finissez : ah! que vous finissez bien !
c'est comme chez Nicolet, —pardon de la comparaison
—de plus fort, en plus fort. Vous suspectez ces pauvres
témoins, *parce qu'ils* ont fait ci; *parce qu'ils* ont fait ça;
parce qu'ils ont fait le reste; *parce que*, enfin, ces hommes se nomment les.... !!!! Puis, un point d'exclamation.... !.... destiné à assaisonner cette belle tirade
et à en compléter le sens. Ce point d'exclamation est
gros de pensées, à lui seul il vaut tout un volume d'injures. Voilà le bouquet du feu d'artifice; il ne restait
qu'à tirer l'échelle; je vous défie de vous élever plus
haut dans la région de l'insulte.

Palsembleu! Monseigneur, — ainsi qu'on parlait au
temps de Louis XIV, — comme vous y allez! vous arrangez les gens de la bonne façon! un peu plus, **vous**
les appeliez bélitres !

Par conséquent, d'après vous, lorsque dans une
contestation judiciaire quelconque, il s'agira de produire des témoins, il faudra s'assurer que la liste qu'on
se propose de notifier ne contient aucun de ces noms
qu'il vous plaît de stygmatiser. — Je vous garantis que
vous savez marquer les gens au coin de l'injure. Fort
heureusement, pour ceux que vous insultez, le public
ne prend pas vos paroles au sérieux; il connaît son per-
sonnel, Monsieur le public ! — Donc, le cas échéant,
on écartera impitoyablement ces noms. Si, parfois,
quelqu'un d'entre eux parvenait à s'insinuer dans l'enquête, le Tribunal devra écarter son témoignage,
parce que cet homme s'appellera de telle façon, plutôt
que de telle autre. Sortez de là, si vous pouvez; ce sont
les conséquences de vos propres paroles.

Est-ce là tout ? Non, en vérité. Il me reste encore à
relever quelques passages de votre Mémoire, conte-
nant, comme toujours, des personnalités. C'est le fait
de ceux qui sont à bout de raisons. Vous commencez
par vous en prendre à une *plume anonyme qui*, selon
vous, *plus prudente que modeste*, se serait cachée, *parce*

qu'elle aurait compris le peu d'honneur que lui faisait son œuvre, qualifiée par vous de *véritable factum, dont la nullité retombe sur son auteur.* — Pas si nul, ce factum, puisque le Tribunal en a adopté les conclusions !

Vous avez, Monsieur, une manie déplorable ; vous prêtez aux autres des faits qui ne leur appartiennent pas et vous tombez dans d'étranges contradictions. Tantôt ce mémoire est mon œuvre, tantôt il est celle d'une plume *anonyme.* Arrangez cela si c'est possible.

Comment pouvez-vous savoir si ce mémoire est anonyme ? S'il est l'œuvre de votre adversaire ou de tout autre ? Que vous importe, d'ailleurs ? Anonyme ou non, a-t-il frappé juste ? Quelle outrecuidance ! Croyez-vous qu'on ne vous parlera qu'à travers un voile ? Quelque grand, quelque puissant que vous soyez, il ne faut pas vous imaginer, Monsieur, qu'on se gênera pour répondre à vos injustes attaques. Vous êtes-vous gêné, vous, lorque vous avez injurié des gens contre lesquels il vous serait impossible d'articuler le plus léger grief ?

Quant à la *préface dithyrambique,* dont vous avez l'air de vous moquer, aux *divisions, subdivisions et compilations juridiques,* qui ne vous ont pas laissé une *idée nette du procès,* elles ont pourtant porté leur fruit. Vous n'avez pas compris, et pour cause, mais d'autres ont compris, et, franchement, on écrivait pour ceux-là et non pour vous. Ce mémoire, que vous dédaignez, a paru suffisamment clair ; ce *factum* si nul s'est transformé en une bonne et solide argumentation, sous laquelle vous avez succombé. Criez tant qu'il vous plaira : l'œuvre *dithyrambique, divisée, subdivisée, compilée, élucubrée par une plume plus prudente que modeste,* a triomphé. L'anonyme prétendu a eu le dessus. Anonyme ! allons donc, Monsieur, il faudra peut-être se cacher pour vous dire votre fait ?

Vous avez des souvenirs classiques ; le nœud gordien est encore présent à votre mémoire. Vous faites l'honneur à votre adversaire de le comparer à Alexandre-le-Grand ; seulement, comme vous n'êtes pas louangeur de votre nature et que vous ne vous ruinez pas en compliments, vous atténuez l'effet qu'une pareille comparaison eût pu produire sur vos lecteurs, en y ajoutant un qualificatif différent. Vous le traitez de *nouvel et petit Alexandre.* Comme c'est bien trouvé ! comme cela s'accorde bien avec l'idée qui s'attache à ce grand nom, depuis trois mille ans ! Au reste, vous avez agi prudemment ; car, si vous aviez appliqué la comparaison purement et simplement, on n'aurait trop su que penser de vous. — Comment ! aurait-on dit, M. Victor Vallansan s'avise de plaider contre un homme semblable à Alexandre-le-Grand ? Il n'est pas dans son bon sens !

Soit dit sans vous offenser, vous avez un aplomb surprenant. Vous terminez votre mémoire par une déclaration ébouriffante ! Ce n'est pas seulement, dites-vous, la sauvegarde d'un intérêt particulier que vous recherchez, vous *revendiquez un bien public.* Halte-là, Monsieur, le *bien public* se passe de vos soins ! Il ne s'en est pas trop bien trouvé, car vous lui avez fait subir un échec. Ce pauvre *bien public,* que vous aimez tant, que vous dorlotez avec tant de tendresse, — on ne vous connaissait pas cette affection paternelle pour lui ! — a pourtant perdu son procès. Prenez garde que, se retournant vers vous, il vous applique la sentence du fabuliste : Mieux vaut un sage ennemi qu'un imprudent ami. — Vous l'aimez trop, Monsieur ; en vérité, vous l'aimez trop, vous le gâtez !

Une question, s'il vous plaît ? Entre nous, comment cet amour du *bien public* a-t-il bien pu vous venir ? L'avez-vous apporté en naissant ? Cela a-t-il poussé tout seul, comme la queue aux ciboules ? Ou bien, est-ce le résultat de la réflexion. En voyant le *bien public* s'en aller en dérive et prêt à faire naufrage, peut-être vous êtes-vous dit : — Grand Dieu ! voilà ce bien public, auquel je porte un amour ardent, sincère et désintéressé, qui risque de se perdre, faute de soins ! Viens ici, *bien public* orphelin, que je t'accueille dans mon sein ; que je te réchauffe ;

que je te défende de tes ennemis ! un ogre est prêt à te dévorer : Victor Vallansan ! à la rescousse ! — Vous êtes accouru, Monsieur ; ce qui n'a pas empêché le *bien public* d'être battu. Soyez tranquille : l'ogre ne vit pas aux dépens du public ; le victorieux n'abusera pas de sa victoire ; le *bien public* ne court aucun danger.

Je vous plains, Monsieur ; très sincèrement, je vous plains. Vos efforts ont abouti à une défaite, résultat vexant et horriblement fâcheux pour un amateur du *bien public* ; d'autant que ce cher *bien public* se trouve mystifié, en votre compagnie : il se méfiera de vous, dorénavant. Avouez que vous avez du guignon. Perdre un procès à l'occasion d'un mur mitoyen est peu de chose, on en est quitte en payant la mitoyenneté. Mais le perdre, lorsque le bien public est en cause, c'est désespérant, mortifiant au dernier point. Un simple citoyen doit avoir deux fois raison, quand il s'avise de patronner un pareil client. Je ne sais comment vous supporterez votre mésaventure ; je crains fort que vous ne tombiez malade d'un *bien public* rentré.

Voulez-vous un conseil, Monsieur ? Acceptez-le ; ça ne vous coûtera rien. Croyez moi, laissez le *bien public* en repos, car il n'a nullement besoin de votre protection. D'autres que vous sont chargés de veiller à ses intérêts. Dans le procès que vous avez suscité, la commune de Forcalquier était la seule qui pût revendiquer raisonnablement ce *bien public*, pour lequel vous vous êtes subitement épris d'un amour prodigieux. — Vous n'y aviez pas songé, jusqu'alors. — Cependant elle n'a pas agi directement. Tutrice née de ce *bien public*, qui ne faisait que d'éclore, elle a jugé convenable de se traîner à votre suite et de se faire remorquer par vous : il est vrai qu'elle y était forcée, autrement elle vous eût laissé le soin de bercer le nouveau-né et de lui donner la bouillie. Elle comprenait instinctivement qu'à force de le choyer, vous finiriez par le rendre malade. Sa conduite, pour l'avenir, est toute tracée. Voici ce que fera la commune ; elle gardera ce petit que vous avez procréé tout seul, à force d'incubation ; l'aimera raisonnablement, le nourrira sobrement, l'empêchera de se gorger aux dépens des autres et de gagner une indigestion, l'éduquera convenablement, et si, guidé par des conseils maladroits, il fait quelques écarts, elle le grondera doucement et le ramènera à l'ordre. Ainsi fera-t-elle : en bonne mère, elle morigènera son enfant d'adoption, lui inculquera les principes de la morale, le prémunira contre l'esprit de chicane, l'instruira par l'exemple, et lui apprendra que, en entreprenant un procès injuste, on nuit au *bien public*, au lieu de le servir. Par surcroît, elle lui recommandera de ne pas voir partout des chemins ruraux. Utile recommandation, car il paraît que le *bien public* en est friand. Si jeune et déjà gourmand ! Petit *bien public*, vous finirez par avoir les étrivières !

Encore un mot et j'ai fini. Votre zèle pour la revendication vous a fait oublier deux choses essentielles, tellement simples, tellement évidentes que, de même que le bon sens, elles courent les rues. D'abord, on ne revendique que ce qu'on a perdu après l'avoir possédé ; or, je ne sache pas que vous ayez jamais rien possédé du *bien public*, et que, par conséquent, vous ayez perdu quelque chose ; auquel cas, adieu la revendication ! S'il en était autrement, il faudrait le dire, afin que je vous fasse amende honorable. Ensuite, on doit être poli envers tout le monde, peut-être plus encore vis-à-vis de ceux qu'on n'aime pas. Vous avez fait tout le contraire ; on dirait que vous vous appliquez à manquer aux convenances et que vous prenez un plaisir extrême à les violer. Relisez votre Mémoire, vous verrez qu'il est plein d'insinuations, d'injures, de diffamations de toute sorte. Vous vous y montrez d'une outrecuidance rare et vraiment surprenante ; car, enfin, vous n'êtes pas grand seigneur. Vous êtes riche ; il me semble que cela devrait vous faire avoir quelque pitié des petits et des pauvres.

C'est déjà bien dur à supporter la pauvreté, sans qu'on se mette encore à l'écraser !

Voilà, Monsieur, la réponse que j'ai cru devoir faire au mémoire que vous avez distribué. Je m'y suis déterminé à regret, car je n'aime pas à occuper le public de moi; mais il m'était impossible de recevoir, sans sourciller, l'avalanche d'outrages que vous avez dirigés sur ma personne. Ne pas protester eût été avouer implicitement que je les méritais ; or, grâce à Dieu, je n'en suis pas encore là. Je me suis acquitté de ce devoir du mieux que j'ai pu, en m'efforçant d'y mettre toute la modération désirable. Si, parfois, je me suis laissé aller à quelque vivacité de langage, vous comprendrez que c'est un peu par votre faute, et vous me la pardonnerez, en considérant qu'il est difficile à un homme de rester calme, quand il se voit injurié sans motifs. Je pratique la résignation, j'ai supporté pas mal d'injustices dans ma vie, mais je la tiens pour un défaut alors qu'on met ma probité en question. Il ne fallait pas suspecter la mienne et crier cela sur les toits. Je le répète; jamais je ne vous ai donné le plus léger sujet de plainte; pourquoi donc m'attaquez-vous ?

Vous trouverez peut-être que j'ai bien tardé à vous répondre. En voici la raison. La prudence exige qu'on ne cède jamais à un premier mouvement, crainte d'être emporté par la passion et de dire ou de faire quelque sottise. — Il est des gens qui savent en profiter ! — J'ai voulu laisser passer un certain temps sur votre Mémoire ; je l'ai lu, relu, commenté, et je ne me suis mis en devoir de vous écrire qu'après avoir reconnu qu'une réponse était indispensable et m'être assuré que j'étais maître de moi. Pour rien au monde je ne m'exposerais à donner sur l'écueil contre lequel vous avez naufragé. Je sais que je dois respecter même ceux qui m'outragent, et j'espère ne pas avoir violé cette obligation que les règles du savoir-vivre imposent à un homme d'honneur. On peut se défendre, sans injurier.

J'ajoute, Monsieur, que, à moins d'y être forcé par une nouvelle provocation, ce sera pour la première et pour la dernière fois que je correspondrai avec vous. Aux termes où nous en sommes, un commerce épistolaire manquerait d'agrément et surtout d'à-propos. Dispensez m'en, je vous prie : de grâce, ne vous occupez plus de moi !

Dans cette espérance,

Monsieur,

j'ai l'honneur de vous saluer.

Camille ARNAUD.

Typ. et Lith. ARNAUD, CAYER et C°, rue Saint-Ferréol, 57.